Faut-il se Battre?

LE DUEL MODERNE

Sauvons l'Honneur !

PARIS

ERNEST FLAMMARION, LIBRAIRE-ÉDITEUR

26, RUE RACINE, 26

—

1901

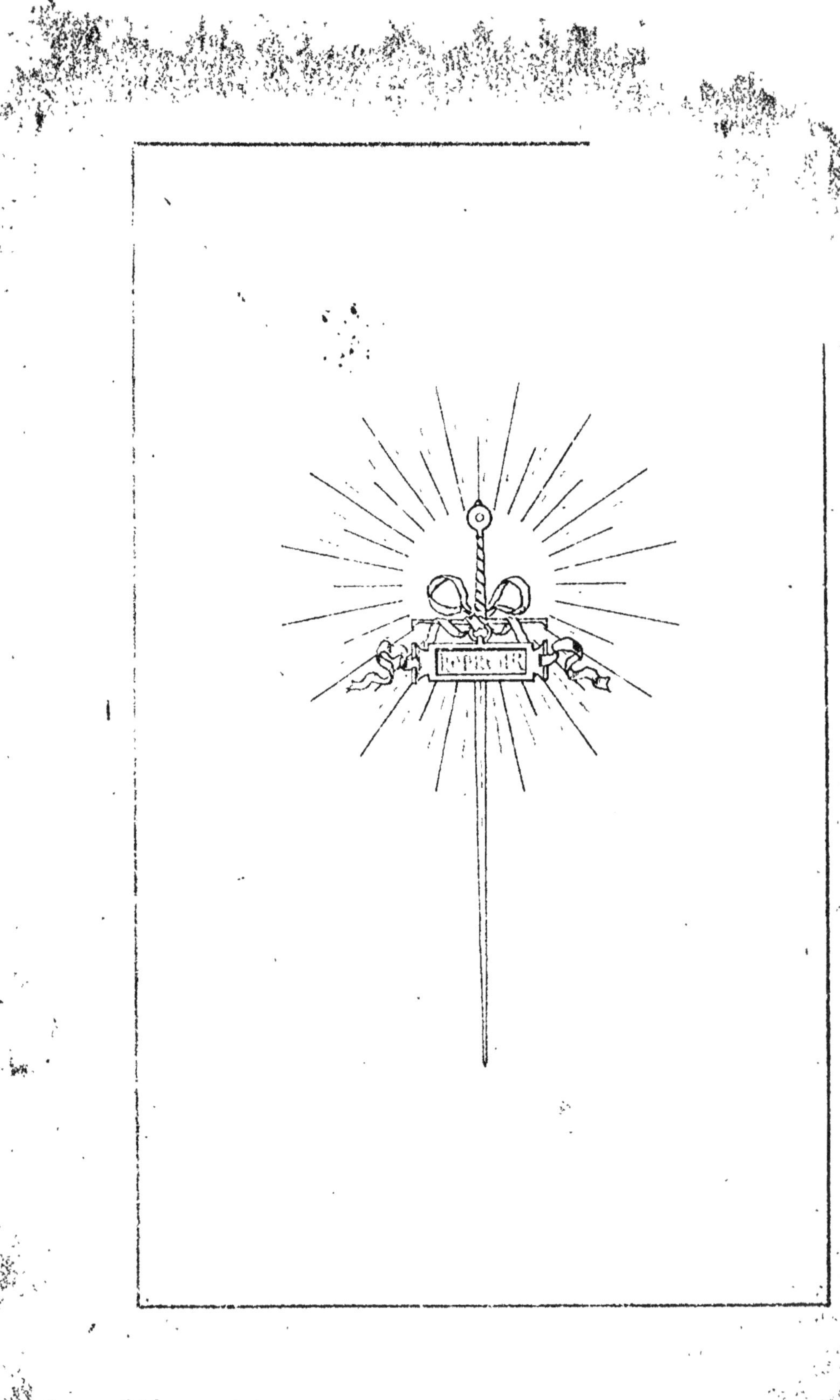

Faut-il se battre?

LE DUEL MODERNE

Sauvons l'Honneur!

G. LETAINTURIER-FRADIN

Faut-il se Battre?

LE DUEL MODERNE

Sauvons l'Honneur !

PARIS

ERNEST FLAMMARION, Libraire-Editeur

26, RUE RACINE, 26

1901

Faut-il se battre ?

LE DUEL MODERNE

A mes Camarades d'Escrime

'APPEL que je fis entendre pour la première fois, il y a de cela plusieurs années, en faveur des Jurys d'Honneur serait-il enfin entendu et aurais-je bientôt la satisfaction de voir aboutir les efforts que je ne cesse de faire pour arriver à la réalisation de ce projet ?

A voir les encouragements qui m'ont été prodigués de divers côtés, et les tentatives faites dans le même but, je pourrais presque le croire.

Le moment serait donc venu de pousser l'ultime assaut et de marcher, avec l'espoir du succès prochain, à la définitive victoire du bon sens sur le préjugé, de la raison sur la tradition, de l'honneur véritable sur ce qui n'en est qu'une superficielle et dérisoire contrefaçon.

En cette campagne que je souhaite être la dernière, je voudrais pouvoir compter sur le concours de tous mes Camarades d'Escrime. Le but serait facilement atteint, s'ils voulaient enfin, imitant l'exemple de plusieurs d'entre eux, s'intéresser à la réalisation d'un projet en qui réside la sauvegarde de notre dignité, le respect de notre honneur, lesquels n'ont actuellement pour garantie que l'insuffisante et incomplète solution du duel. Le jour où les Escrimeurs se décideront à comprendre qu'ils n'ont rien à gagner dans la pratique du duel, telle qu'elle existe, et où ils n'hésiteront plus à se soustraire à une insignifiante question d'amour-propre ; le jour où ils adopteront dans toute l'étendue et l'importance que je lui voudrais voir, l'institution des Jurys d'Honneur ; ce jour-là, le bon sens populaire sera bientôt avec eux et fera vite justice de la résistance des uns et de l'indifférence des autres. Si quelques snobs restent, pour qui la critique sera facile, nous pourrons, Escrimeurs mes Camarades, faire allègrement le sacrifice de leurs sarcasmes et nous consoler à l'idée que notre fleuret a une mission plus intelligente que celle de s'en prendre à ces paradeurs, pour d'innocentes et sans logique ironies.

Mettons-nous donc hardiment et une bonne fois pour toutes à la besogne, et disons-nous bien pour stimuler nos efforts, que, de la réforme que nous allons accomplir, sortira non-seulement, pour notre corporation, un développement plus fécond de nos relations professionnelles, mais aussi pour l'honneur individuel de chacun d'entre nous, une plus sûre et plus certaine garantie.

Je ne sais si je m'illusionne, si je me méprends sur le caractère du mouvement qui paraît se dessiner en ce moment dans le monde de l'Escrime; mais il me semble bien qu'on est las, fatigué et écœuré de voir le Duel trop souvent ravalé au rang d'une quelconque pratique mondaine. Je suis absolument convaincu que beaucoup parmi mes Camarades déplorent amèrement un tel état de choses et qu'ils ne demandent qu'à sortir de l'apathie ou de l'indifférence en lesquelles ils ont cru devoir se tenir jusqu'à présent. Personnellement, je ne considérerai mon rôle comme terminé que le jour où je pourrai constater que le Jury d'Honneur a pris définitivement racine dans nos mœurs et où dans toutes nos Sociétés, dans tous nos Cercles, je verrai fonctionner, en son entier développement, cette Institution, la plus digne, je le répète, de nos efforts et de notre sollicitude.

Je désirerais que ces quelques pages dédiées à mes Camarades d'Escrime, puissent réduire les dernières hésitations, faire tomber les derniers scrupules, secouer les indifférences de quelques-uns et déterminer enfin un mouvement d'opinion unanime en faveur des Jurys d'Honneur.

Je n'ai recherché en ces lignes aucun prétexte à discussion philosophique, à dissertation morale. Ce petit livre est une œuvre d'action, un acte de propagande et rien que cela.

Ceci dit, voyons quel est l'état actuel de la question et la solution possible.

LE DUEL CONTEMPORAIN

Le Duel a subi dans la pratique de très notables changements, depuis les siècles précédents ; il s'est surtout fortement modifié dans ses causes. Jadis, sans doute, on se battait souvent, comme aujourd'hui, pour des raisons futiles, pour des riens; mais le Duel était exclusivement réservé aux personnes de qualité ou aux soldats, à tous ceux enfin qui portaient à leur côté une épée. La plupart du temps, d'ailleurs, le Duel avait toute la physionomie du véritable combat. Deux hommes se rencontraient, qui étaient animés l'un envers l'autre de sentiments peu amicaux : d'un mouvement instinctif, la main saisissait l'épée, et voilà nos adversaires en garde. S'ils étaient accompagnés d'amis, ceux-ci prenaient également part au combat, et il était ainsi fréquent d'assister à des véritables batailles, comportant quelquefois la disproportion dans le nombre des combattants. Telle était l'allure générale du Duel. L'instinct duelliste était singulièrement favorisé par ce fait que l'épée était mise à portée de la main; et puis il était si facile vraiment de se battre. Les rues des Cités avaient un tout autre aspect que celui de nos rues modernes : le soir venu amenait une obscurité à peu près complète; on ignorait presque complètement les mesures de surveillance; et encore qu'on se plaigne souvent de la rareté des Agents, à Paris notamment, il est incontestable que ceux-ci rendent plus de services que leurs prédécesseurs de la Maréchaussée et que les Archers.

De même que la physionomie des Villes s'est complètement transformée, de même le Duel a subi lui aussi un radical changement, tant dans l'usage qu'on en fait que dans les motifs qui le provoquent. Autrefois, il suivait immédiatement l'offense et formait, pour ainsi dire avec elle-même, un incident complet. Aujourd'hui, nous y mettons des formes : la constitution des témoins, les pourparlers préliminaires auxquels ces derniers doivent se livrer, demandent un certain temps ; le Duel est soumis à tout un rigoureux protocole ; il est devenu un acte réglementé de notre vie publique, et, pour toutes ces raisons, je prétends qu'il est moins moral, qu'il se justifie moins devant une saine logique et qu'il atteste enfin un recul de notre civilisation. En effet, lorsqu'il n'était que la suite presque naturelle d'une manifestation violente, qu'il avait en quelque sorte pour but de satisfaire une colère momentanée, le Duel était explicable : il avait pour excuse ces circonstances atténuantes que nous accordons volontiers de nos jours à certains actes dits passionnels. C'était, lui-même, un acte passionnel par excellence, trouvant dans l'acte brutal qui le motivait sa raison d'être et sa justification.

On ne le comprend plus comme tel, aujourd'hui que le temps nous est laissé par les règles en usage pour méditer sur la valeur des circonstances qui l'ont provoqué et sur les suites qu'il peut avoir.

Ce que nous pourrions enfin appeler la clientèle du Duel n'est plus la même qu'autrefois. Alors, c'étaient les aventureux Mignons, les fringants Mousquetaires, les galants petits Abbés, tous friands de la lame, qui se battaient, le sourire aux lèvres, pour le plaisir d'offrir ou de recevoir une bonne estocade. Aujourd'hui, ceux qui recourent au Duel appartiennent à des classes déterminées de la Société et on pourrait à peu près exactement en faire le classement suivant : les hommes du monde, les hommes politiques et hommes de plume, les militaires. Il est intéressant d'examiner dans quelles conditions le Duel se présente, en ces différentes catégories.

Pour les gens du monde, le Cercle est généralement le lieu propice à l'éclosion des affaires d'honneur. En ces potinières par excellence, les petites calomnies, les bruits malveillants de la veille arrivent grossis, amplifiés. Les scandales du jour y font souvent les frais de discussions animées. On prend nettement parti pour un tel ou un tel. Quelquefois, les héros mêmes de ces aventures mondaines attendent l'heure du Cercle pour y régler commodément leurs dissentiments. De là, les incidents, les mots acerbes qui attaquent la dignité, et comme on est généralement entre gens de bonne compagnie, au lieu d'en venir aux mains, on convient très poliment d'une prochaine rencontre, au prochain jour. Ces lieux de réunions mondaines que sont les Cercles et quelquefois les Salles de Spectacles aux soirs de Premières, ont ainsi le privilège d'être le terrain fertile à la floraison de ces multiples incidents, souvent niais tellement ils sont futiles, qui n'admettent pas d'autre solution que celle de la promenade matinale, obligatoire à nos modernes Prés-aux-Clercs.

Tout aussi-insignifiantes apparaissent les causes qui amènent les hommes politiques et les Journalistes à chercher dans le Duel la solution indispensable de certaines polémiques. La légende du Duelliste attaché à la Rédaction et chargé de l'habituelle lessive (qu'on me pardonne l'expression) des affaires d'honneur a fait à peu près son temps. J'ignore si le Spadassin responsable existe encore en certaines Salles de Rédaction. En province peut-être. A Paris, ce personnage est un mythe, un fantôme qu'on évoque quelquefois, sans que personne y ajoute foi. Parmi les Journalistes, comme parmi les hommes politiques, chacun y va de sa propre responsabilité, bravement, sans réticences, sans avoir même l'idée de se dérober. On peut presque dire que l'on pèche généralement par excès de responsabilité et, qu'au lieu d'une seule épée, on en trouve facilement plusieurs à qui demander raison d'un entrefilet paru dans un journal.

On sait comment naissent les affaires d'honneur entre hommes politiques. Dans le feu de la tribune, sous le coup d'interruptions plus ou moins déplacées, un orateur prononce un mot, se sert d'une expression qui, la plupart du temps, dépasse sa pensée. On en arrive facilement, malgré le Règlement, aux colloques animés entre Collègues; et, de là aux invectives, aux gros mots, il n'y a qu'un pas. Quelquefois même, la discussion s'envenime au point qu'il faut l'intervention d'Amis plus sages pour empêcher des voies de fait. En général, nos hommes politiques sont heureusement doués d'une bonne et forte philosophie. On continue sur un autre terrain, à la buvette par exemple, la discussion qui a failli tourner mal. On s'explique entre un bock et une autre boisson rafraîchissante. De conciliants Collègues invoquent cette opinion d'un vieux Parlementaire qu'en politique les qualificatifs de menteur, traître, vendu, voire même voleur et assassin ont tout juste la valeur d'une opinion contraire à la sienne, et cela finit généralement par un serrement de mains qui n'a rien d'hypocrite de part et d'autre, et on se donne gaiement rendez-vous à la prochaine..... rencontre..... à la tribune. La solution, pour être moins dangereuse que le Duel, en est souvent moins ridicule et ne comporte pas de conséquences. En réalité donc, les Duels entre hommes politiques sont assez rares ; ceux entre Journalistes sont malheureusement plus fréquents. C'est surtout à propos de ces Duels qu'on pourrait faire la constatation de la ténuité des motifs qui les provoquent. En règle générale, les Duels de presse sont la conséquence des évènements qui impressionnent le plus vivement l'opinion publique et y amènent de grandes perturbations. Une affaire récente, dont le bruit vient à peine de se calmer, qui fut l'origine d'une des plus déplorables divisions de l'esprit français, fut la cause d'innombrables incidents qui se vidèrent sur le terrain. L'exacerbation de l'opinion publique ayant passé dans la presse, on assista à un débordement inouï d'injures, d'accusations insensées, et l'on vit des hommes qui n'avaient aucune raison de s'en vouloir personnellement, de se mésestimer, essayant le plus galamment du monde de se couper la gorge ou de se trouer la peau, parce qu'ils avaient pris telle ou telle position dans l'affaire.

En dehors de ces causes générales, il existe une foule de cas qui, pour les Journalistes, mettent soi-disant l'Honneur en jeu et rendent le Duel inévitable. La plupart du temps, à les examiner sérieusement, ces motifs n'ont rien à voir avec l'Honneur proprement dit. Ce sont des excès de polémique, de l'outrance dans les idées, un goût immodéré d'en vouloir aux gens qui sont d'une opinion autre que celle qu'on a, toutes circonstances en lesquelles il serait difficile de trouver un motif réel de haine ou de vengeance, ou ce que j'ai appelé la blessure d'Honneur qui sans justifier peut excuser l'usage du Duel, en certains cas.

LE DUEL MILITAIRE

Si nous arrivons maintenant aux Duels militaires, nous constaterons, à part quelques malheureuses et rares exceptions, que parmi les Officiers, comme parmi les Sous-Officiers et parmi les Soldats, cette pratique tend de plus en plus à diminuer.

Le Général Bourrelly dans son étude: *Le Duel et l'Escrime dans l'Armée en France et à l'Etranger*, indique quelles sont les causes qui, à son avis, ont amené cette modification des mœurs fort en honneur aux siècles précédents, parmi les hommes d'épée.

« Une des plus importantes institutions, dit-il, dont la dernière guerre nous ait fait sentir la nécessité, l'Ecole Supérieure de Guerre, en offrant aux Officiers de toutes armes et de toute origine sans distinction, les mêmes avantages de carrière, a opéré un véritable nivellement très propre à faire naître entre eux et à entretenir des rapports de camaraderie, dont les effets dans l'ordre d'idées que nous agitons, ne nous paraissent pas contestables.

« Les facilités assurées depuis quelques années aux Sous-Officiers et grâce auxquelles un certain nombre d'entre eux se créent une famille au sein même du régiment, les ont portés inévitablement à s'isoler de leurs Camarades aux heures laissées libres par le service journalier et par conséquent à s'éloigner du milieu où surgissent d'ordinaire les différends qui donnent lieu à une rencontre. Dans les rangs des Soldats, une des causes de Duels assez fréquente autrefois a disparu à peu près complètement : il s'agit de la brimade que pratiquaient les vieux Soldats vis-à-vis des Conscrits, en leur mettant de force l'épée à la main, soi-disant pour faire l'essai de leur courage. Au XVIIe siècle, mais surtout au XVIIIe, dans presque tous les régiments, on « tâtait le pouls » de l'enrôlé de la veille. Cette sorte de défi était déjà moins en honneur sous le régime de la conscription ; de nos jours, grâce à la vigilance du commandement, il est pour ainsi dire tombé en désuétude. Une mesure appelée à infirmer beaucoup plus sérieusement l'usage du Duel dans les rangs inférieurs de l'Armée est la suppression pour presque tous les Soldats, de l'obligation de l'Escrime. »

Je ne crois pas que la suppression de l'Escrime obligatoire soit pour quelque chose dans la diminution des Duels dans l'Armée. Par expérience personnelle, je serais tenté de penser que cela n'est pas absolument exact ; au 106e de ligne où je faisais mon volontariat, l'Escrime était tellement en honneur, qu'Officiers, Sous-Officiers et Soldats s'y livraient avec ardeur ; eh bien, j'y ai rarement vu des incidents ayant amené des Duels. La véritable cause de la diminution des rencontres, il faut la voir dans la constitution même de notre Armée qui ne forme plus comme autrefois une caste spéciale, une réunion de professionnels, mais fait partie intégrante de la Nation elle-même.

TRIBUNAUX D'HONNEUR MILITAIRES

Est-ce à dire qu'il n'y ait rien à tenter pour réduire encore les Duels entre militaires ? Non. C'est même ici qu'il faudrait souhaiter une réalisation plus prompte des Jurys d'Honneur, puisqu'en raison de l'esprit de discipline, qui est la règle suprême de l'Armée, cette Institution serait d'application beaucoup plus facile, et

2

qu'elle serait un fait accompli, le jour où elle ferait partie des règlements ordinaires qui régissent les relations des Officiers, Sous-Officiers et Soldats entre eux.

Pourquoi n'instituerait-on pas en France, comme cela existe dans des pays voisins, un Tribunal d'Honneur régimentaire? Je ne demande pas qu'on en copie le fonctionnement sur ceux de l'étranger. Il est évident qu'il faudrait instituer un Tribunal qui s'adapterait à notre tempérament national, à nos principes démocratiques, et tenir compte qu'un système nouveau demande, en ses premiers essais, une formule qui n'ait rien d'absolument inflexible, une formule qui tienne compte de cette considération essentielle : qu'il faut, en l'espèce, lutter contre une coutume vieille de plusieurs siècles et profondément ancrée dans nos mœurs.

Le Prince de Ligne, qu'on ne saurait ranger parmi les adversaires irréductibles du Duel, estimait cependant qu'il y avait lieu de refréner cet usage dans l'Armée, dans la mesure du possible, et à côté du Tribunal des Maréchaux de France, il souhaitait de voir « l'Institution d'un Tribunal par régiment qui éviterait à chacun l'inconvénient de se prendre pour Juge de son propre Honneur, aurait pour mission, tantôt de prévenir, tantôt de trancher les différends, veillerait à la réparation des offenses commises et se dispenserait d'intervenir dans les cas où un accommodement ne servirait qu'à aggraver la situation ».

Ainsi compris, le Tribunal d'Honneur réaliserait la formule la plus parfaite. Un tel Tribunal n'aurait pas pour but de supprimer le Duel par voie de sentence, ce qui serait abusif, contraire à notre éducation, et amènerait fatalement des infractions ; mais il recommanderait l'apaisement par la voie de la conciliation.

J'ai dit que les Tribunaux d'Honneur fonctionnaient régulièrement en plusieurs pays étrangers. Il n'est pas dans mon intention, ni dans le cadre d'une étude que son caractère d'œuvre de propagande m'oblige à tenir dans certaines limites, de faire un historique quelconque et un examen comparatif de ces Institutions. Je me contenterai, à titre purement documentaire, d'emprunter au livre du Général Bourrelly, que j'ai cité, quelques renseignements concernant le fonctionnement des Juridictions d'Honneur dans l'Armée Allemande.

« Ces Tribunaux se subdivisent en Tribunaux subalternes composés des membres du Corps d'Officiers, et Tribunaux pour Officiers supérieurs composés d'Officiers supérieurs désignés spécialement.

« Il existe des Tribunaux d'Honneur pour les Officiers subalternes dans chaque unité constituée formant Corps.

« Auprès de chaque Tribunal siège un Conseil d'Honneur ; les Officiers qui le composent sont nommés par le Corps d'Officiers pour les Officiers subalternes ; le Tribunal d'Honneur des Officiers supérieurs désigne les Officiers qui doivent faire partie du Conseil d'Honneur.

« Les Conseils d'Honneur instruisent les affaires sous la direction du Président du Tribunal d'Honneur.

« Les Officiers ont le droit de provoquer sur leur conduite une décision du Tribunal d'Honneur et celui de porter à la connaissance de ce dernier les actes de leurs Camarades qui ne sont pas conformes à l'Honneur.

« Le Tribunal d'Honneur se prononce après examen de l'enquête faite par le Conseil d'Honneur. Il peut conclure à l'incompétence, à un complément d'information, à un acquittement et à la culpabilité. Dans ce dernier cas, l'Officier peut être réprimandé, ou privé de son emploi, ou exclu du Corps d'Officiers. Le dossier de l'affaire est ensuite adressé à l'Empereur. La décision souveraine est communiquée à l'inculpé avec l'arrêt du Tribunal. »

Tels sont les principes essentiels des Tribunaux d'Honneur militaires allemands. Dans la pratique, leur fonctionnement paraît plus nettement établi par l'Ordre de Cabinet que, le 1ᵉʳ Janvier 1897, l'Empereur Guillaume adressait à son Armée.

« Je veux, disait-il dans le préambule de cet Ordre, qu'on prévienne plus qu'on ne l'a fait jusqu'ici les Duels de mes Officiers ; ces rencontres sont souvent amenées par des querelles privées et des offenses qui rendent possible un accommodement sans porter atteinte à l'Honneur du Corps d'Officiers. »

Cet Ordre indique ensuite aux Conseils d'Honneur les trois solutions suivantes, pour régler une affaire soumise à leur appréciation : établir une proposition de conciliation ; ou déclarer l'impossibilité de réaliser l'entente des parties, ce qui rend nécessaire d'engager une procédure pour affaire d'Honneur ; ou enfin se refuser à donner suite à l'affaire, l'Honneur des parties n'étant pas atteint.

Enfin l'Ordre Impérial recommande de recourir absolument à la réconciliation, quand les règles de l'Honneur le permettent. Et l'Empereur, dans les prescriptions finales de son Ordre, demande qu'on lui signale « tout Officier qui en aurait provoqué un autre en Duel ou accepté une provocation sans connaître la décision du Conseil d'Honneur, dont le but est de mettre fin au différend, ou bien qui ne tiendrait pas compte soit de la proposition d'accommodement établie, soit du refus de poursuivre l'affaire, ou enfin qui n'attendrait pas la décision souveraine. Il est ici fait allusion au droit que se réserve l'Empereur, en sa qualité de Chef Suprême de l'Armée, de prendre une décision en dernier ressort.

Serait-il possible de faire admettre par nos Officiers, sinon le texte, tout au moins l'esprit de la Juridiction dont je viens de parler? C'est là une question qui mérite qu'on s'y arrête. En principe, sauf le fonctionnement qui pourrait être à peu près le même, une pareille Institution ne pourrait avoir chez nous des chances de s'imposer que si elle était, je le répète, appropriée aux exigences de notre tempérament national. Les Tribunaux que je voudrais voir créer dans nos Corps d'Officiers ne devraient d'ailleurs pas être régis par des textes identiques à ceux des Tribunaux allemands. Ces Juridictions sembleraient en effet faire un double emploi avec les Conseils ordinaires de Discipline. Or l'Institution telle que je la souhaite ne devrait avoir en aucune façon

ni la forme, ni les pouvoirs, ni même l'allure d'un
Tribunal. Le terme même de Tribunal devrait à mon
avis être écarté pour faire place à celui de Jury
d'Honneur, Conseil d'Honneur, ou tout autre donnant
bien le sens exact et la portée de l'Institution. Ces Jurys
ou ces Conseils auraient pour mission de réconcilier
les Officiers entre lesquels surgiraient des incidents,
en recherchant une solution qui sauvegarderait en même
temps leur amour-propre et leur dignité professionnelle.
On peut objecter que ce qui est possible dans les Corps
d'Officiers allemands constituant par eux-mêmes une
caste, un monde spécial, ne le serait pas pour nos
Officiers issus de situations diverses et appartenant
quelquefois, par leurs origines, à des mondes tout à fait
différents. Je ne crois pas l'objection sérieuse, attendu
que l'esprit égalitaire me paraît avoir suffisamment
pénétré dans l'esprit de nos Officiers pour qu'il ne soit
plus question entre eux de différences d'origine, de
situation, ou de fortune. Tous les Officiers sont égaux,
grade à part; à ce titre ils doivent être Camarades et
ce serait à désespérer des résultats de notre éducation
démocratique si on pouvait encore se réclamer, pour
infirmer ces principes, de formules surannées que la
Révolution a fait disparaître. L'Institution des Jurys
d'Honneur pour les Officiers me paraît de réalisation
facile, surtout si les Chefs de l'Armée voulaient bien
en prendre l'initiative. Pour leur fonctionnement, il sera
non moins facile de trouver une solution satisfaisante.
Le jour où l'on aura atteint ce but, on aura fait beaucoup
pour sauvegarder l'esprit de camaraderie et de sympathie

réciproque qui, dans l'intérêt national, doit animer tous les représentants de l'Armée Française, et nous n'aurons plus la tristesse d'assister à des incidents regrettables comme ceux qui, ces derniers temps, troublèrent quelques-uns de nos Corps d'Officiers.

LES TÉMOINS DANS LES AFFAIRES D'HONNEUR

Après avoir succinctement examiné la physionomie du Duel tel que nous le pratiquons en France, et étudié sommairement sa psychologie, il nous reste à parler d'une des causes qui, dans toutes les classes où l'on se bat, le rendent souvent inévitable, quand elles ne le provoquent pas; je veux dire : l'inaptitude générale des Témoins à remplir leur rôle.

Je ne montrerai pas ici les différents types de Témoins; il me suffira de rappeler les pages de mon livre *L'Honneur et le Duel* qui leur sont consacrées. Mais il me paraît nécessaire de revenir, pour y insister brièvement, sur la façon dont, la plupart du temps, les personnes appelées à être Témoins dans une affaire d'Honneur considèrent leur mission et la remplissent. Encore que, depuis quelque temps, il y ait à cet égard un réel progrès, les Témoins oublient presque toujours qu'ils sont les mandataires d'un tiers, et responsables de la vie autant que de la dignité et de l'Honneur de ce dernier. Ce rôle ainsi compris leur impose le devoir strict de rechercher avant toute autre solution, tous les moyens d'arrangement possibles. Ils doivent au besoin aller jusqu'à l'extrême limite des concessions et ne voir avant tout comme but à atteindre que la conciliation. Donner une solution pacifique à l'affaire dont ils ont reçu la charge, telle devrait être la préoccupation essentielle des mandataires, et ils ne devraient envisager le recours aux armes que comme un moyen tout à fait exceptionnel, ne devant être employé que lorsque toutes les autres propositions d'accommodement auraient dû être forcément écartées.

En d'autres termes, il serait nécessaire, indispensable que les Témoins se rendissent exactement compte de l'importance et de la difficulté de la mission qui leur incombe. On voit très souvent, même encore aujourd'hui, des personnes qui ignorent les premiers principes du point d'Honneur, accepter un mandat de Témoin. Pour elles, la mission qui leur échoit est bien simple : il s'agit d'accompagner un Ami sur le terrain, d'assister en spectateur très digne au Duel, et de rédiger convenablement deux Procès-Verbaux. Et c'est tout. Cela n'est malheureusement rien, et tout l'intérêt, le seul intérêt, dirai-je, du rôle de mandataire consiste, à mon avis, dans les préliminaires de l'affaire. Il faut se montrer adroit, conciliant, énergique au besoin, posséder une expérience suffisante des questions toujours délicates d'Honneur, éviter tout froissement, tout incident pouvant

rendre le Duel nécessaire ; il faut, en résumé, bien
connaître son rôle.

APTITUDE DES JURYS D'HONNEUR

dans les Questions d'Honneur

On arrive ainsi à cette conclusion qui s'impose :
comme il est matériellement impossible, dans la plupart
des cas, de faire un choix judicieux des Témoins ; que
ce choix est presque toujours laissé au hasard des
circonstances et des rencontres ; qu'on se laisse guider
plutôt par une question de sympathie, là où on ne
devrait chercher qu'une question d'expérience et de
compétence, il est cent fois préférable de faire appel aux
Jurys d'Honneur auprès desquels on trouvera, à tous les
points de vue, les garanties les plus complètes.

L'efficacité des Jurys d'Honneur se fera particulièrement sentir dans l'appréciation de l'offense, appréciation
laissée aujourd'hui à l'inexpérience de Témoins qui, la
plupart du temps, ignorent, je le répète, le premier mot
des règles très complexes du point d'Honneur.

Par leur essence, leur compétence et leur qualité,
les Jurys d'Honneur sauront s'affranchir de toutes
considérations étrangères, considérations de sympathie,
considérations de l'opinion publique, fermer l'oreille à

tous les bruits du dehors et ne voir, dans les deux clients qui viendront s'adresser à eux, que deux hommes qu'il convient de réconcilier, quand cela sera humainement possible.

L'utilité indispensable des Jurys d'Honneur me semble ainsi une fois de plus démontrée.

Mais comment entendez-vous ce Jury et quel sera-t-il? Ce serait, disais-je dans un de mes précédents ouvrages, *une réunion de personnes chargées d'examiner les affaires d'Honneur qui lui seraient soumises, de rechercher tous les moyens possibles de solution amiable et, en cas d'offense caractérisée, d'en déterminer le degré et la responsabilité.*

Ce Jury devrait, à priori, donner aux affaires dont il serait saisi une solution autre que celle du Duel.

Toute l'utilité, tout l'intérêt et toute l'économie du projet sont là. Le Jury d'Honneur ne peut pas déclarer qu'il y a lieu à rencontre. Il dit simplement que l'affaire ne lui paraît pas susceptible de Duel, il attribue à chaque adversaire sa part de responsabilité dans l'incident, et provoque, s'il y a lieu, des excuses, en déterminant dans ce dernier cas les conditions dans lesquelles ces excuses doivent être faites, et acceptées; si l'affaire lui paraît absolument grave et qu'il soit convaincu par avance qu'aucune proposition de conciliation ne peut être tentée, il se déclare purement et simplement incompétent.

CE QUE DOIT ÊTRE LE JURY D'HONNEUR

Que devra être en outre le Jury d'Honneur? Qu'on me permette de citer ici les quelques lignes que j'écrivais à ce sujet dans *Les Jurys d'Honneur et le Duel*:

« Il doit être le mandataire du bon sens. Ce bon sens, il lui appartient de l'opposer aux routinières, naïves et quelquefois ridicules manifestations d'un amour-propre qui lui-même ne puise ses inspirations que dans une fausse conception de la morale et de la logique.

« Composé d'hommes ayant l'habitude des affaires d'Honneur, sachant discerner s'il y a offense, où elle réside et quelle en est la valeur, le Jury pourra éviter la plupart des Duels que des Témoins ordinaires auraient rendus inévitables ; son expérience et son indépendance seront, en outre, les sûrs garants de son impartialité et feront qu'on recherchera de préférence son concours à celui des personnes que rien ne désigne pour ce rôle ».

QUELQUES PROPOSITIONS CONCERNANT LES DUELS

Insister davantage sur la valeur morale et l'utilité pratique de cette Institution me paraît superflu. Ce sur quoi il faut insister, c'est sur l'urgence qu'il y a à l'adopter. Je ne suis pas seul de cet avis. Beaucoup parmi les hommes d'Escrime, parmi les meilleurs, reconnaissent qu'il est indispensable d'en finir avec les pratiques contemporaines en matière d'Honneur, et ce m'est ici une occasion agréable d'en arriver à l'ouvrage qu'ont récemment publié sur cette question deux écrivains qui, non seulement occupent une situation privilégiée dans le monde spécial de l'Escrime, mais encore comptent parmi les hommes éminents du pays : le Prince Georges Bibesco, membre de l'Institut, et le Duc Féry d'Esclands.

« Notre avis, disent-ils, au début de leur ouvrage, est que le Duel doit être endigué, en attendant qu'il disparaisse. »

C'est là l'opinion que j'ai toujours défendue, avec celle-ci, qui m'en paraît le complément indispensable, que le Duel doit également être moralisé, qu'on doit en faire une mesure exceptionnelle de réparation seulement employée dans les cas extrêmes, alors que tous autres moyens d'arrangement feront défaut. Cette formule

implique la diminution des rencontres et rend possible
l'espoir que cette coutume disparaisse un jour de nos
mœurs.

Pour arriver au, résultat qu'ils souhaitent, nos
éminents confrères proposent différentes formules qu'ils
ont réunies sous le titre générique et significatif de
Conseils pour les Duels. Je vais les examiner brièvement.

« Toute personne offensée dans une publication
périodique ou autre pourra demander réparation soit à
l'auteur de l'article, soit au rédacteur en chef de la
feuille, à son choix ».

En mettant ainsi directement en jeu la responsabilité
des rédacteurs en chef, le Prince Bibesco et le Duc Féry
d'Esclands espèrent amener une surveillance plus active
de la part de ces derniers sur tout ce qui se publiera
dans leurs journaux, et arriver ainsi à la disparition plus
ou moins prochaine des calomnies, des chantages déguisés
qui souvent se pratiquent sous le couvert et l'excuse de
polémiques.

Les auteurs de cette proposition me font, qu'ils me
pardonnent cette légère critique, quelque peu l'effet de
ces homéopathes qui prétendent combattre le mal par le
mal lui-même. N'y a-t-il pas lieu de craindre en effet que,
si le principe qu'ils préconisent était mis en pratique,
cela ne fasse au contraire qu'augmenter les incidents, et
partant, le nombre des Duels. En tous cas, comme il ne
faut pas penser (je ne crois pas d'ailleurs que ce soit
l'idée des auteurs) à donner à cette proposition une sanction pénale, où sera la possibilité de la faire appliquer ?

On peut, il est vrai, me faire la même objection pour les
Jurys d'Honneur ; mais à ceci je répondrai : que les
Jurys, créés uniquement dans un but conciliateur et
purement pacifique, n'auront jamais besoin de recourir à
des moyens de coërcition ; qu'il n'est pas utile pour leur
fonctionnement d'inventer des armes contre telle ou telle
pratique, et qu'ils s'adresseront exclusivement à la dignité
et à l'esprit de modération d'un chacun ; et qu'enfin leur
but sera non pas tant d'établir des responsabilités que de
faire disparaître les incidents qui les auront fait naître.

J'arrive maintenant à l'article par lequel les auteurs
des *Conseils pour les Duels* admettent l'Arbitrage. Il y
est dit :

« Un Arbitre avec pleins pouvoirs sera choisi, à toute
demande de deux quelconques des Témoins ».

Je cite également, pour bien en montrer l'esprit, un
des commentaires de cet article :

« L'Arbitrage nous apparaît comme un des moyens
les plus sûrs pour empêcher un différend de dégénérer en
une rencontre, chaque fois que l'honneur de l'une des
parties n'est pas atteint d'une façon irrémédiable ».

C'est, on le voit, le même objet que celui que je
propose au moyen des Jurys d'Honneur ; mais combien
ces derniers me paraissent préférables à l'Arbitrage ! Et
voici pourquoi.

Un seul et unique Arbitre désigné suivant les circonstances aura rarement, à mon avis, l'autorité suffisante
pour imposer ses décisions.

Et puis, il faut au préalable solliciter son acceptation.
Avec des Jurys permanents, comportant au moins pour
chaque affaire trois membres, toutes difficultés disparaî-
traient. Les Témoins ou les intéressés eux-mêmes sau-
raient facilement à qui s'adresser. La décision qui serait
rendue, par son caractère même et l'autorité de la Juridiction d'où elle émanerait, serait unanimement acceptée
et comprise. L'Arbitrage n'est qu'un moyen incomplet,
un expédient, qui n'aura pas même cette qualité d'être à
la portée des personnes qui y voudraient recourir. Le
Jury comporte une action à plein effet et constitue une
Institution largement ouverte, où l'on saurait toujours
pouvoir s'adresser à bon escient et avec la garantie
préalable d'une complète compétence et d'une entière
impartialité.

Je continue l'intéressante étude des propositions de
MM. Bibesco et Féry d'Esclands.

« Aucun Duel ne prendra fin sans effusion de sang. »

Les auteurs ont la précaution de nous mettre en
garde contre l'impression que pourrait causer une proposition, à première vue, quelque peu barbare. On se battra
moins en Duel, disent-ils, le jour où le Duel parade
n'existera plus et cédera la place à un combat toujours
sérieux. Ce sera fini des Duels pour rire, des Duels
réclame, de toutes ces rencontres qui ne sont que pré-
textes à procès-verbaux.

Il faut ici, ce me semble, établir une distinction. Ou
bien la cause qui motive le Duel est grave, et dans ce cas,
je reconnais que la sanction, en admettant que cela en

soit une, doit être réelle et qu'elle demande du sang ; ou
bien elle est peu grave, légère, voire même insignifiante,
et dans ce cas, pourquoi se battre ? Et ne sera-ce pas pré-
cisément le rôle des Jurys d'Honneur, de supprimer ces
Duels, en faisant disparaître les malentendus qui en
auront été la cause, en déclarant que telle affaire ne comporte pas la nécessité d'une rencontre? Mais, m'objecte-
ront les auteurs de la proposition, comment imposerez-
vous à ceux qui ne voudront pas y recourir, l'appel au
Jury ? Je ne vois pas comment on imposerait à ces
duellistes malgré tout la règle de ne terminer leurs rencontres que par l'effusion du sang. Ne parlons pas, une
fois encore je le répète, de règles fixes et déterminées, là
où il n'est possible que de faire appel à des sentiments de
bon sens, de modération et de raison.

« Aucun procès-verbal ne sera publié si l'offense n'a
pas été publique ».

J'irai ici plus loin que mes éminents confrères. Cette
proposition, disent-ils avec raison, s'explique par elle-
même. J'aurai, en la circonstance, volontiers recours à la
collaboration législative et je souscrirai des deux mains
à tout projet qui aurait pour but d'ajouter à la loi de 1881
sur la presse un article additionnel, pour interdire aux
journaux de publier, sous aucun prétexte et dans n'importe
quel cas, les procès-verbaux de rencontres. C'est, à peu de
choses près, la jurisprudence établie pour les affaires de
diffamation, dont les journaux ne peuvent rendre compte.

Cette mesure que je voudrais entière et complète, et
sans aucune espèce de restriction ni d'amendement,

aurait, entre autres résultats, celui de supprimer en grande partie les Duels qui ne se justifient que par l'intérêt qu'ont certaines personnes à faire parler d'elles et à se créer pour la galerie, à peu de frais, une réputation de courage et de bravoure. Et qu'on ne vienne pas, à ce propos, invoquer la liberté d'information, la liberté d'écrire. La liberté de l'écrivain ne serait nullement atteinte parce qu'il lui serait interdit de parler du Duel du jour, et l'actualité n'aurait également rien à perdre, en étant privée d'informations qui, ayant rarement le mérite de la saveur, n'ont jamais celui de la dignité et de l'Honneur véritable.

UNE PROPOSITION DE LOI DE M. GAUTRET

Député de la Vendée

Il est possible, du reste, que nous voyions cette heureuse solution survenir bientôt. En effet, M. Gautret, Député de la Vendée, dans la séance du 10 Janvier 1901, a déposé sur le bureau de la Chambre un projet de loi tendant à interdire la publicité en matière de Duel.

Voici cette proposition de loi en entier, précédée de l'exposé des motifs :

CHAMBRE DES DÉPUTÉS

SEPTIÈME LÉGISLATURE

SESSION DE 1901

Annexe au Procès-Verbal de la Séance du 10 Janvier 1901

PROPOSITION DE LOI

tendant à interdire la **Publicité en matière de Duel**

(Renvoyée à la Commission de la Presse)

PRÉSENTÉE

PAR M. GAUTRET

Député

EXPOSÉ DES MOTIFS

MESSIEURS,

Nous n'avons pas la prétention, en déposant cette proposition, de supprimer le duel : il y aura toujours des duellistes, que le duel soit réprimé ou toléré.

La loi d'ailleurs est muette à cet égard : une jurisprudence constante semble assurer à celui qui tue l'acquittement en Cour d'Assises et la condamnation à celui qui blesse.

Nous ne prétendons pas davantage que la complaisance des témoins, l'indulgence des tribunaux, multiplient les rencontres.

Mais nous craignons que certains adversaires adressent des provocations dans l'unique but de créer autour d'eux une réclame qu'il faut sans délai interdire.

Il y a en effet deux catégories de duellistes : les premiers, exclusivement préoccupés de venger l'injure, reçue conservent à la rencontre son caractère confidentiel au point d'exiger le secret des noms et des lieux; les seconds, tout en poursuivant, comme les premiers, la réparation d'un préjudice, organisent en même temps dans les bureaux de rédaction où ils volent à l'issue du combat, une publicité tapageuse et veillent à ce qu'aucun détail ne reste ignoré.

La provocation et la rencontre seraient pour ceux-ci insuffisantes sinon sans but, si lettres et procès-verbaux n'étaient immédiatement communiqués aux journaux.

Le nombre des rencontres sera certainement diminué si nous nous attaquons aux causes qui parfois les motivent. Or, supprimer la publicité du duel, serait à notre avis supprimer certains duels où l'amour-propre et la vanité sont seuls en jeu.

Désireux de se venger lui-même ou de venger les personnes qui lui sont chères, celui qui provoquera son adversaire en exigeant que le jour, l'heure, le lieu, les causes et les circonstances de la rencontre, le nom des duellistes, des témoins, restent inconnus, poursuivra véritablement un résultat que d'autres avec nous hésiteront à condamner.

Et d'ailleurs l'interdiction de certains comptes rendus n'est pas chose nouvelle !

Nous ne voulons pas ici en faire l'énumération en commençant par la plus ancienne qui remonte à 1828 (Art. 16 de la loi du 18 juillet).

Il nous est cependant permis de rappeler que dans le même esprit le législateur, par l'article 39 de la loi du 29 juillet 1881 sur la presse, par l'article 3 de la loi du 27 juillet 1884 sur le divorce, a prononcé d'identiques interdictions.

Le duel, admis ou non, est de nature intime : l'intérêt de la société n'est pas en jeu. Le secret seul convient.

Dans ces conditions, nous vous proposons d'adopter les dispositions suivantes.

PROPOSITION DE LOI

Les art. 38, 39 de la loi du 29 juillet 1881 sont complétés comme suit :

ART. 38, § 2. — Il est interdit de publier les procès-verbaux précédant ou accompagnant les combats singuliers préalablement décidés entre personnes privées et couramment dénommés *«duels»*.

ART. 39. — Avant les mots *« toute infraction à ces dispositions »* ajouter : *« Il est interdit de rendre compte des DUELS »*.

J'ai désiré connaître exactement la pensée de l'honorable Député, et en lui adressant mes ouvrages : *Les Jurys d'Honneur et le Duel ; L'Honneur et le Duel,* je l'ai prié de vouloir bien me faire part de ses espérances, et de préciser le but qu'il désirait atteindre. M. Gautret m'a adressé la lettre ci-jointe que je ne crains pas de livrer à mes Camarades d'Escrime, bien qu'elle contienne quelques compliments à mon adresse. Puisse l'exemple courageux du Député de la Vendée leur donner confiance et leur montrer la route à suivre !

Monsieur,

Avant de déposer ma proposition tendant à interdire la publicité en matière de Duel, j'ai lu un certain nombre d'ouvrages.

Vous voulez bien aujourd'hui m'adresser vos deux volumes : L'HONNEUR ET LE DUEL ; LES JURYS D'HONNEUR ET LE DUEL.

On ne pouvait mieux exposer des idées plus justes et plus saines.

Je ne manquerai pas de me servir des précieux renseignements qu'ils contiennent lors de la prochaine(?) discussion de ma proposition.

Avec Monsieur Adolphe Tavernier, je sais que vous pouvez d'autant mieux vous offrir le luxe de cette opinion très sincère d'ennemi du Duel que vous êtes un Escrimeur redoutable, et que sans pousser l'illogisme jusqu'à mettre l'épée à la main pour soutenir contre un contra-

dicteur possible le bien fondé de vos arguments anti-
duellistes, vous sauriez cependant « marcher » très ferme
s'il le fallait.

Vous êtes de ceux qui pensent, avec le distingué
Colonel de Castex, qu'il faut avoir le courage de
réserver, dans les cas futiles, notre sang pour de plus
saintes causes.

Je regrette de n'avoir pas eu plus tôt à ma dispo-
sition vos excellents ouvrages.

Ma proposition m'apparaît incomplète sur un point,
et je ne manquerai pas de demander à la Commission
de la Presse, à laquelle elle a été envoyée, de la compléter
dans le sens de vos conclusions.

Je solliciterai une simple addition « sauf dans le cas
où le duel a occasionné la mort de l'un ou de l'autre
des adversaires ».

L'exposé des motifs précédant ma proposition résume
ma pensée, toute ma pensée, et je suis heureux, Monsieur,
de me rencontrer avec vous sur ce terrain.

Il faut un certain courage pour paraître se mettre à
l'abri d'un duel en édictant des mesures répressives.

Vous et moi aurons contre nous tous ceux qui,
comptant beaucoup sur l'arrivée des gendarmes, la générosité proverbiale de certains témoins, l'innocuité du
liège, oublient tous les dangers courus à la lecture de
leurs hauts faits complaisamment publiés par la presse.

Nous aurons avec nous les autres, ceux qui, ayant
reçu une injure grave, au lieu de demander des dom-
mages-intérêts, jettent leur vie dans la balance et, dans

un coin écarté, sans lettre de faire-part, prouvent ainsi le prix qu'ils attachent à leur honneur, dût le monde entier l'ignorer.

.   .   .   .

Je n'ajouterai rien à cette lettre si intéressante, et si courageuse.

Reprenons maintenant la suite des propositions de MM. Bibesco et Féry d'Esclands :

« Dès le début des pourparlers, les Témoins s'engageront sur l'honneur à ne faire connaître aucune des circonstances qui doivent précéder ou accompagner le combat, notamment le jour, l'heure, le lieu de la rencontre. Question de dignité : le Duel n'est pas un spectacle ».

Je souscris d'enthousiasme à cette proposition qui, si elle était adoptée, aurait pour résultat de supprimer ces Duels tapageurs, à réclame outrancière dont nous eûmes ces dernières années de peu édifiantes représentations. Le spectacle de deux hommes qui courent tout au moins le risque de se blesser, s'il peut chatouiller l'épiderme sensible de quelques mondaines en mal d'émotions, et les loisirs désœuvrés de certains snobs, ne saurait convenir aux règles les plus élémentaires de la dignité humaine et de la plus simple morale.

Les auteurs des *Conseils pour les Duels* terminent leurs propositions par ce conseil tout d'expérience et de sagesse qu'ils adressent aux mères de famille qui hésitent à laisser initier leurs fils à la science de l'Escrime et du Pistolet :

« En croyant, disent-ils, découvrir pour eux dans l'exercice des armes une source de querelles et de Duels, elles se trompent.

« L'Escrime et la fréquentation des hommes d'épée donnent au caractère plus de souplesse et d'énergie ; elles développent et affinent la courtoisie ; elles inspirent au tireur confiance en sa force ; il y puise un sentiment de générosité chevaleresque qui ne fait que s'accroître avec sa réputation. Combien de fois, en effet, n'arrive-t-il pas à l'homme d'épée de réprimer un geste, un mot blessant prêt à lui échapper : sa force lui commande la modération, elle la lui rend facile ».

C'est ce que je disais en d'autres termes dans la Conclusion de l'*Honneur et le Duel*.

Les excellents conseils contenus dans le livre du Prince Bibesco et du Duc Féry d'Esclands ont eu, en dehors de leur haute valeur intrinsèque, le grand avantage de provoquer une manifestation des plus significatives. Nombre de personnalités marquantes de la haute Société, de l'Armée, de la Politique, et ce qui m'est particulièrement agréable à constater, nombre d'hommes d'escrime adhérèrent à ces conseils. Je crois utile de reproduire ici le libellé qui accompagnait ces adhésions :

« En parfaite communion d'idées avec le Prince « Bibesco et le Duc Féry d'Esclands, persuadés que leurs

« conseils, loin de tendre à propager les Duels, ont pour
« but d'en diminuer le nombre, en les réduisant à des
« cas absolument sérieux, de les rendre plus réguliers et
« de leur conserver leur caractère chevaleresque, Nous
« soussignés déclarons approuver pleinement les règles
« établies dans le présent ouvrage et donner notre adhé-
« sion aux *Conseils* ».

CONSIDÉRATIONS GÉNÉRALES

Ainsi, tout le monde est à peu près d'accord pour penser que le Duel, tel qu'il se pratique actuellement est un non sens, un illogisme, une pratique que rien ne justifie. Et cependant, même parmi ceux qui sont convaincus de cette vérité, on continue à laisser faire et à se battre, si besoin en est.

Personnellement, j'estime qu'il convient de sortir sans plus tarder d'une apathie coupable et d'une indifférence que nous aurions tôt ou tard à regretter amèrement, si nous n'y prenions garde.

Survienne un Duel malheureux, tel que la Chronique de l'an dernier eut à en signaler, on voit aussitôt une véritable levée de boucliers. On déplore l'usage qui a voulu que deux amis de la veille, à la suite d'incidents qui eussent pu être évités, aient été amenés à se trouver face à face, l'épée à la main, et que l'un soit tombé, victime d'une tradition que notre civilisation aurait dû, sinon supprimer, tout au moins corriger. Cela dure quelques jours, ce que dure à notre époque l'actualité. Et puis tout est dit. La vie ordinaire recommence avec ses potins journaliers, ses incidents, et la série des Duels recommence à la première occasion. Ne serait-il pas temps d'agir énergiquement et d'imposer, je m'adresse toujours à mes camarades d'escrime, à l'opinion publique une éducation morale différente de celle qu'on lui a faite au sujet du Duel ?

Il y a là un rôle à remplir très noble et très beau, et j'espère ardemment que nos Escrimeurs n'y failliront pas. Leur exemple sera contagieux et le jour où l'on verra que, dans le monde des armes, le recours au Jury d'Honneur a définitivement remplacé le Duel sans prétexte, l'opinion de la masse sera, dis-je, absolument conquise. Le tout est de donner ce bel exemple de courage et d'énergie morale. Qu'on me laisse, à ce propos, rappeler le Duel récent d'un de nos meilleurs camarades, M. Thomeguex. Celui-ci ayant reconnu sur le terrain que son adversaire était un fort galant homme et qu'il n'y avait entre eux rien d'irrémédiable, mit crânement fin au combat, de son propre arbitre, et lui offrit une main largement tendue à la place de la lame acérée de l'épée. Eh bien ! la conduite de notre excellent camarade fut-elle critiquée ? Au contraire, ce fut à son adresse un concert de louanges sans aucune discordance. On me dira que les critiques se sont prudemment abstenues, parce qu'il s'agissait de M. Thomeguex qu'on connaît de courage assez haut et d'amour-propre assez pointilleux pour ne supporter ni ironies, ni railleries.

Les choses ne se passeront pas autrement lorsqu'on nous verra, au lieu de nous battre sans raisons, réclamer l'intervention du Jury d'Honneur. Monsieur qu'en dira-t-on restera parfaitement coi à notre égard, et nous conquerrons facilement par l'exemple que nous aurons donné tous ceux qui sacrifient encore, par respect des traditions, à la mode du Duel.

Instaurons sur des bases définitives, complètes, les Jurys d'Honneur. Faisons que dans toutes les Associations, dans tous les Cercles, dans toutes les réunions de personnes de mêmes professions, de mêmes goûts, des institutions similaires s'établissent.

Alors le Duel aura vécu.

CONCLUSION

Je crois utile, pour la complète édification de ceux de mes Camarades qui n'auraient pas présent à la mémoire le texte que je donnais, dans mon précédent ouvrage, d'un Projet-Type de Jury d'Honneur, de reproduire ici l'essai de règlementation que j'avais fait.

Ceci n'est, bien entendu, qu'un Projet personnel et, par conséquent, susceptible de modifications profondes dans ses détails d'application. Mais, si imparfait qu'il soit, mon Projet peut servir de base pour l'étude ultérieure que mes Camarades pourraient faire en vue de l'établissement définitif de la Juridiction d'Honneur. J'ai surtout voulu, en ce Projet, montrer ce qu'il fallait demander à un Jury de cette nature dont les essais, tentés jusqu'à ce jour en certaines de nos Associations, me paraissaient beaucoup trop timides et trop restreints.

Je n'ai cependant ici, je le répète, d'autre ambition que « d'attacher le grelot ». Je serais très heureux et m'estimerais suffisamment récompensé si je voyais mon effort modeste suivi de la généreuse et puissante initiative de mes excellents Camarades de la Presse et des Salles d'Armes parisiennes.

C'est le seul vœu que j'exprime, très sincèrement.

PROJET

DE

JURY D'HONNEUR

PROJET

DE

JURY D'HONNEUR

ARTICLE 1er.

Sous le nom de Jury d'Honneur est institué un Comité de cinq personnes chargé de résoudre les Affaires d'Honneur soumises à son examen.

ARTICLE 2.

Le nombre des Membres du Jury appelés à se prononcer sur chaque Affaire est au moins de trois. En cas d'absence ou d'empêchement d'un des Membres désignés pour le règlement d'une Affaire, celui-ci est remplacé par un des autres Membres du Comité.

ARTICLE 3.

Les Membres du Jury nomment un Président choisi parmi eux.

ARTICLE 4.

Le Comité se réunit toutes les fois qu'il est saisi d'une Affaire.

ARTICLE 5.

Peuvent s'adresser au Jury, en dehors des intéressés, les personnes désignées comme Témoins, à condition que celles-ci aient fait connaître au préalable leur décision à leurs clients et obtenu leur adhésion.

ARTICLE 6.

Le Jury devra exiger des intéressés la promesse formelle de se conformer à la décision prise.

ARTICLE 7.

Les personnes qui s'adressent au Jury sont appelées devant lui et exposent séparément leurs griefs ou leurs raisons. S'il y a eu constitution préalable de Témoins, ceux-ci pourront recevoir de leurs clients la mission de les représenter devant le Jury.

ARTICLE 8.

Les Membres du Jury peuvent adresser toute question qu'ils croient apte à éclairer la situation.

ARTICLE 9.

L'intéressé peut se refuser à répondre à toute question qui lui paraîtrait de nature à compromettre une tierce personne.

ARTICLE 10.

Le Jury peut exiger la production de tous documents qui lui paraîtraient indispensables pour éclairer sa religion.

ARTICLE 11.

Après avoir eu en sa possession tous les éléments d'appréciation suffisants, le Jury recherchera s'il n'existe pas un moyen de conciliation qui sauvegarderait l'intérêt et l'Honneur des deux parties en cause, en déclarant que, l'Affaire ne comportant pas d'offense réelle, il y a lieu de n'y donner aucune suite. Le Jury peut imposer cette décision aux adversaires.

ARTICLE 12.

Dans le cas où la solution prévue à l'article précédent serait écartée comme insuffisante, le Jury recherchera laquelle des deux parties est « l'Offensé ».

ARTICLE 13.

Il déterminera ensuite la valeur de l'offense: légère, grave, ou très grave.

ARTICLE 14.

Le Jury, même dans le cas d'offense très grave, ne devra jamais dire qu'il y a lieu à Duel. Il proposera, si possible, un moyen de conciliation, sinon se déclarera purement et simplement incompétent.

ARTICLE 15.

Dans les cas prévus aux articles 12, 13 et 14, le Jury peut déclarer qu'il y a obligation pour un des adversaires de faire des excuses à l'autre. Il recherchera dans quelles conditions et sous quelle forme ces excuses devront être présentées.

ARTICLE 16.

Aucun des Membres du Jury ne pourra servir de Témoin pour une Affaire à l'examen de laquelle il aura pris part.

ARTICLE 17.

La décision du Jury devra être prise à la majorité des voix. L'unanimité sera nécessaire pour le cas où sa décision impliquerait des excuses.

ARTICLE 18.

La délibération du Jury devra faire l'objet d'un Procès-Verbal dont copie sera remise, sur leur demande, aux deux parties ou à leurs représentants.

ARTICLE 19.

Les délibérations du Jury sont rigoureusement secrètes.

ARTICLE 20.

Le Jugement rendu par le Jury constatant qu'il n'y a pas eu offense, ou bien, s'il y a eu offense, indiquant son degré de gravité, peut être rendu public sur le consentement des deux parties, et en cas d'offense grave, sur la demande de la partie en faveur de laquelle est intervenue la dite décision. Dans ce cas, l'autre partie devra, au préalable, recevoir communication de la forme donnée au Procès-Verbal du Jury. Elle pourra demander, si elle le juge à propos, que ce Procès-Verbal soit modifié. Le Jury statuera à nouveau à ce sujet.

ARTICLE 21.

Toute personne qui, après avoir sollicité ou accepté l'intervention du Jury, refusera de se soumettre à sa décision, sera déférée au Comité de la Société à laquelle elle appartient, lequel pourra prononcer son exclusion.

ARTICLE 22.

Les Membres du Jury sont nommés pour un temps déterminé.

Ils sont rééligibles.

ARTICLE 23.

Les Membres du Jury s'interdisent absolument d'accepter un Duel qui leur serait offert, en raison de leurs fonctions.

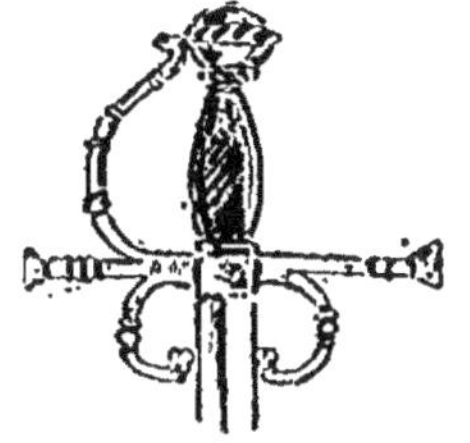

TABLE DES MATIÈRES

CHATEAUDUN

Imprimerie de la Société du *Patriote*

H. PRUDHOMME, D^r.